日本に
ボランティア
文化を

まえがき

筆者は大学に在籍中、学会でアメリカを訪ね、ふとしたところで病院ボランティアをしているという人に出会った。その女性は、私が医師であることを知ると、私を病院に案内してくれた。医師だから病院に興味があるだろうと考え、それを見せてやろうとしたのであろう。病院に行ってみると、もう時間外で、残っている職員は少なかった。然し彼女は、少ない職員と皆親しく、やあ、やあ、と声を掛け合っていた。すっかり職員と馴染になっていた。彼女から、ボランティア仲間が沢山いるのですよ、と聞き、とても感銘を受けた。そして将来、日本にも病院ボランティアを導入したいと思った。

しかし、帰国後は日常の多忙にまぎれ、それを実行する事さえ頭から消えていたが、大学を定年になり、市中の病院に院長として迎えられてからその時が来た。それは平成の初めで、あちこちで病院ボランティアが始まった時期であった。そういう時代でもあり、アメリカでの思いもあり、私も熱心に病院ボランティアの導入と強化を図った。

そののち、病院も定年になり、二〜三の名誉職だけになり、余裕が出来た。病院時代感じていたのは、介護施設こそボランティアが必要だということだった。介護施設の入所者は淋しい。家から離れ、友達や社会生活から離れ、体も不自由になっている。友達が欲しい。職員は多忙で、友達になってあげたいけれどもその余裕がない。

現在、介護施設にも沢山のボランティアがいるが、多くは慰問奉仕である。合唱団のようなグループが来て、歌って奉仕し、年寄りを慰める。有難い奉仕であるが、それは不定期であるうえ、集団対集団の奉仕なので、お年寄りと友達になることはできない。

介護施設のほうでは、一般の市民が病室に入ることを許さない。家族以外は入室禁止である。そういう伝統なので、一般市民を病室に入れてはいけないと思っている。欧米では喜んで入れているのだから、入れていけない理由はないのだが、それは許されないと考えている。しかし、市民の中には、淋しい年寄りに寄り添ってあげたいという人が少なくない。

これが筆者らが敬老奉仕会を立ち上げた理由である。みんなで外国の事情を学べば外国と同じボランティア活動が可能になると考えた。そうして隔月に研修会を開いたが、初めのうちは施設側の関心と参加が少なく、市民側中心の研修になっていた。それでも辛抱強く研修会を続けていると、三年目くらいから寄り添いボランティアを受け入れるところが出てきた。それでも、なお、進歩は遅々として進まなかった。

そこでアメリカを見学すればいいと考え、平成二十四年にロサンゼルスとリバーサイドの施設を見てきた。この見学旅行には四つの施設の幹部も参加した。これはかなり効果があった。さらに十一月、今度は向こうの専門家を呼んで仙台で講演をして頂いた。これは更に効果があった。現在では十施設以上が寄り添いボランティアを施設内に受け入れている。

平成二十五年二月、ＮＨＫの深夜便が私たちの活動を取り上げ、「明日へのことば」という番組で放送してくれた。これは全国放送なので、各地から大きな反響があった。激励や同感、自分もボランティア運動を起こしたい、などが多かった。この種の思いはいまや各地に沸き起こっていると感じさせられた。私たちの研修会にも、他の県から聞きに来る人があるようになった。

こういう次第で、今後は全国的な運動に発展すると思う。その時、何か参考になる書物が必要であると思い、本書を執筆した。高齢化問題、生と死の問題、介護の問題を総合的に学び、介護は制度任せにせず、元気な市民は要介護者を支え、自分がそうなったら支えて貰う。こうして助け合う社会を作り、天与の祝福である長寿社会を完成したいと念じている。

本書は三部構成になっている。第1章は本邦の高齢化の現実、第2章は老化に伴う生死の問題、第3章は介護ボランティアの実際を述べた。第1章と第2章はいわば基礎知識で、高齢化の現実とその窮状を述べ、その対策として、第3章で市民参加の必要性と、それを実施する際のノウハウを述べた。介護ボランティアを最初に学びたい人は第3章をまず読んで、第1章と第2章はあとから読んでもよいと思う。

目　次

増補版

第1章　日本の高齢化

高齢者の増加は世界的傾向であるが、我が国は特に顕著で、中規模以上の国家の中では長寿率が最高、つまり世界一である。つまりオリンピックに例えれば長寿金メダルということになる。オリンピックで金メダルを取ることはめでたいが、長寿金メダルはそれ以上にめでたく、国を挙げて大祝賀会をすべきものと思うほどである。長寿を祝うために長寿者を大切にし、尊厳を持って人生を全うして頂きたい。

昔から人生は五十年と言われてきた。しかし実際はどうかというと、古代から平安時代ごろまでは平均寿命が二十歳くらいだったと推定されている。徳川時代でも三十歳くらいだった。明治二十二年、日本で初めて国勢調査が行われたが、その時の平均寿命は四十二歳である。その後少しずつ伸び、昭和二十二年、初めて五十二歳になった。それが現在では男は八十歳に近く、女は八十六歳を超えている。この状況を**図1**に示した。

したがって昔、人生五十年と言ったのは事実に合わない。織田信長が人生五十年として生涯計画を立てたというが、これは五十歳までは長生きできるだろうという楽観的な計画だった。彼は本能寺の変で生涯を終えるが、その時の年齢は四十九歳だった。

前記のように、過去を振り返ってみれば、現在の長寿はごく最近のものであることが分かる。人類は常に不老長寿を求めて来たが得られなかった。その夢が今実現した。これを喜ばない法はない。長寿を真に喜ばしいものとするため、晩年を大事に過ごし、喜びと尊厳をもって人生を完遂できるよう、国を挙げて取り組みたいものである。

図1　平均寿命

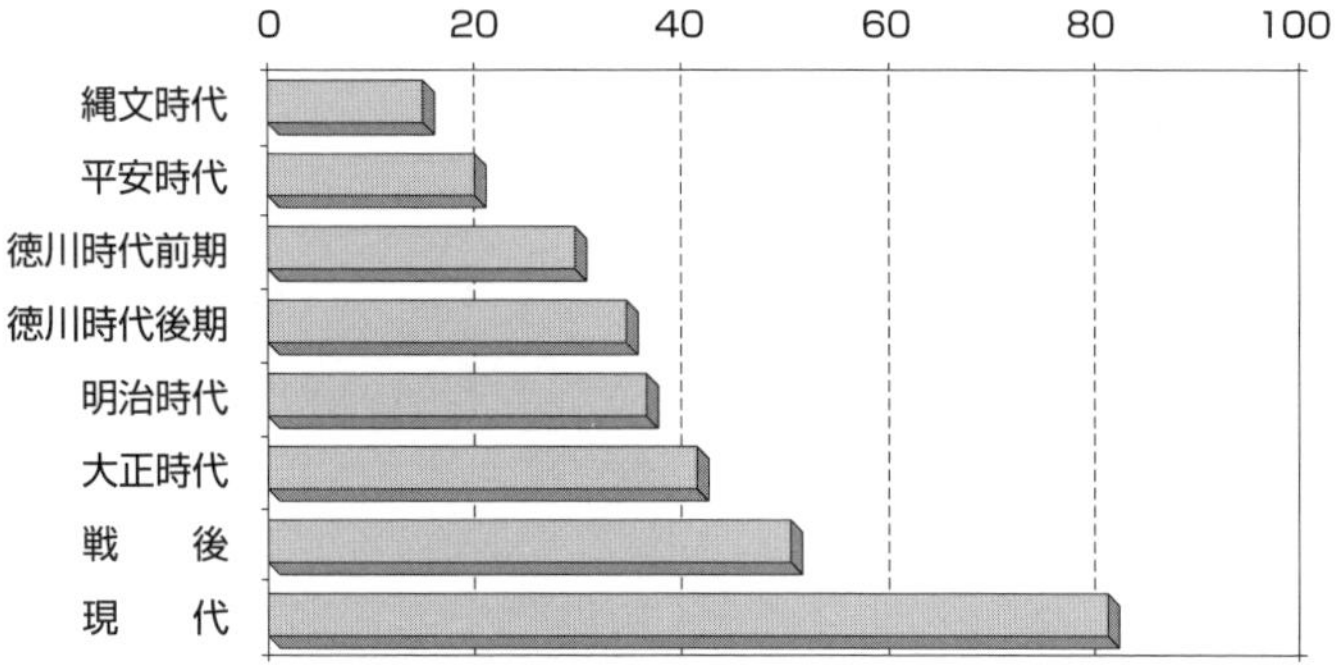

医療・介護とその費用

医療も介護も、特に医療は、日進月歩である。新しい診断治療が次々と開発され、応用されている。薬剤も同様で、良く効く新薬が続々と発見され、応用されつつある。これらの進歩は診断治療の精度を高め、新薬は効果を高めている。むかし治らなかった病気が治るようになった。また、治療に難儀し、治癒までに長くかかった病気が迅速に治るようになった。これらの進歩は人類に福音をもたらしている一方、医療費の高騰を招いている。

医療費はこうして年々上昇を続ける。保険財政も個人の負担も増加し続けている。すると経済がこれに追い付かない。富裕層はそれに耐えられるが、それ以外の人は耐えられない。こうして難しい問題が発生する。

富裕層はお金があるので高度の医療を受け、病気が治る場合も、お金がない人はその医療が受けられないから死ななければならない。金で生死が分かれていいのか。治る方法があるなら、人はそれを受ける権利があるのではないか。

生死ではなくても、お金があればすぐ直る病気が、お金がないと何ヶ月もかかる場合はどうだろう。苦しまずにすぐ直る方法があるのに、長く苦しまねばならないのか。それは人道に違反するのではないか。

確かにそれは人道違反の様に思える。しかし医療費が払えないのは事実である。医師は慈善家ではない。高い薬を買えばその代金を払わねばならない。製薬企業も、新薬開発に膨大な経費を掛けるから薬価を下げられない。こうしてこれは解決不能の問題となる。

この種の問題は万国共通で、各国とも頭を悩ましている。いったい解決不能の問題をどう解決するのか。それは妥協しかない。やむを得ず妥協しているので、常に医療問題は難しいのである。安全で誰もが満足する医療制度は世界中どこにもない。

各国の医療・介護事情

1　アメリカ

日本にとって最も関係の深いアメリカから始めよう。アメリカは自由を建前とし、自己責任を重視する国である。健康や医療も自己責任で対応すべしというので、公的な健康保険は存在しない。あるのは任意加入の民間保険だけである。民間健康保険には幾種類もあり、それぞれ掛金が異なる。掛金が多額なほど、病気の場合の給付も高額になる。多くの国民は自分に合った保険種を選び、掛け金を払って加入しているが、低所得層は掛け金を払う余力がない。そういう人は無保険となり、病気の支払いはすべて自費となる。病気になると破産するほかはない。そのような人が四千七百万人もいて、問題となっている。

アメリカの民主党政権はこれを憂い、公的医療保険制度を設置し、他の先進国と同じように国民皆保険にしようと努力している。クリントン政権時代に大キャンペーンを張って努力したが、アメリカの議会はこれを否決した。現政権のオバマ大統領も同じ方針で運動し、一応議会を通過させたが、なお反対意見も強く、実施に至っていない。

しかしアメリカにも老人には公的保険制度があり、メディケア（medicare）と呼ばれている。この制度は強制保険で、給付は六十五歳からである。然しその給付は主として入院治療に限られ、日本のように全てをカバーするものではない。老人が長期に介護施設に入る場合は、最初の百日間は入院費の一部がカバーされる。それを超えて長期に及べば給付は無く、民間保険で払うか自費にするしかない。

もう一つの公的保険は貧困者用のもので、メディケイド（medicaid）と呼ばれる。これは日本の生活保護のようなものである。介護施設に長期に入所している人はメディケイドの世話になっていることが多い。

そう言うことで、アメリカの医療費は高く、患者の支払いは、富裕層を除けば、容易ではないようである。

２　イギリス

イギリスの医療はすべて国営である。ＮＨＳ（national health service）がその実行を担当している。医療費は原則無料で、すべてＮＨＳから支払われる。これは一見理想的制度の様にみえるが、実際には次に述べるような種々の問題を含んでいる。

ＮＨＳの経費はすべて税金から出るので、おのずから上限があり、総額を一定以下に抑えなければならない。そのため、様々な医療費抑制策が取られている。まず病院に行くにはホームドクターの紹介が無ければ行けない。ホームドクターは年の初めに開業医の中から選んで登録し、登録料一〇ポンドを支払う。病気の場合、その医師以外に診て貰うことはできない。軽いものはそこで済ませ、重いものは紹介状をもらって病院に行くのである。

医師や病院に払われる医療費も低く抑えられ、医師は働いても収入が上がらない。医師の働く意欲が低下し、遣り甲斐を失い外国に流出している。そのため医師や看護師が不足し、例えば手術の日程が組めず、何日も待たなければならない。医師不足はインドやアフリカの医師が流入して補っているが、それでも充足するには至っていない。

軽い病気しかしない人はホームドクターにただで診て貰えるので、イギリス医療は最高だと評価するが、医療スタッフからは最低だと評価され、国際的にも崩壊に近いと酷評されることも少なくない。日本医師会などは、イギリスの制度を評価していない。

3　スウェーデン

スウェーデン、オランダ、ノルウェーは福祉制度が充実し、世界のモデルと言われてきた。日本からもこれを学ぶために研修に行ったものである。しかし最近、いろいろな問題があり、必ずしも良い制度とは言えなくなったように思える。

以下、代表としてスウェーデンについて述べる。

スウェーデンも国営医療で、医療費は原則無料である。特に力を入れているのは高齢者対策で、介護制度の徹底さはまさに世界一である。独居老人でも、弱れば訪問診療、訪問介護を受け、自宅に留まれることが多い。訪問者は一日何回でも訪問し、必要な援助を行う。入所施設も完備し、内容も充実している。まさに素晴らしい制度である。

こういう制度を維持するためには、当然多額に費用が掛かる。それを負担するには高い税を課さなければならない。消費税は二五％である。所得税も最低で三〇％、累進性で最高は六十五％と高率である。国民はいくら働いても手取りは低いままである。それが勤労意欲を失わせる。

ある医師の嘆きはこうであった。いくら働いても税金に取られてしまう。年を取れば、私たちも怠け者も同じように扱われる、と。一般人も、老後は国が見てくれるので心配はない。稼いでも稼がなくても同じだ、今楽しめ。そういう気風が蔓延し、人は享楽に流れ、性は乱れ、家庭は崩壊し、婚外子の割合は五四％と世界最高となった。

そういう次第で、良い面を含みながら問題も大きく、明暗両面があるということであろう。日本がこの制度を取り入れていいとは言えない。

その他の先進国

前項で述べたように、アメリカは自由の国で、医療に関しても政府の関与は少ない。イギリスや北欧三国は国が医療を管理し、医療費は原則無料である。これが二つの極端な姿である。これに比較して、他の先進国、すなわちドイツ、フランス、イタリア、カナダ、オーストラリアなどは、国による違いはあるが、おおむね両者の中間である。日本もその中間に位置する。安倍晋三総理が、「我が国は中福祉国である」と言ったが、筆者もそれが妥当な道と思う。

日本の医療

中福祉国である日本の医療介護制度を概観しよう。日本の医療制度は世界から高い評価を受けている。比較的低廉な医療費で制限の少ない医療を展開しているからである。日本医師会は、我が国の医療は世界最高だ、と自賛している。しかし問題がないわけではない。

我が国は一九六一年（昭和三十六年）から国民皆保険制度を取っている。国民はすべて健康保険に加入しなければならない。強制加入制である。医療費は一部の自己負担を除いた部分を保険から給付するというもので、その他の制限は付けなかった。国民は医師や病院を自由に選べる。当時は経済の高度成長期で、保険料も十分に集まり、誠に良い制度であった。しかしその後、経済は低迷し、医療費は年々高額化すると、保険財政は窮乏し、種々の改善策を加えて現在に至っている。改善策というのは、保険料の値上げや、自己負担の増加である。

二〇〇〇年（平成十二年）には介護保険制度が設けられた。このころすでに高齢者が増え、介護が必要なものが急増した。それまではこれを病院に入院させ、医療費を使って治療に当たっていた。その医療費が嵩み、また、入院の必要もないのに入院を続けるといういわゆる社会的入院も増えてきた。そのような患者さんは介護をすれば十分で、病院で医療を施す必要は少ないのである。医療と介護を分離する試みは既にドイツで一九九五年から施行されていた。日本はそれを参考にして介護保険制度を作った。医療と介護を別扱いにしたのはドイツと日本だけである。介護を要する高齢者は同時に何らかの医療も必要なことが多い。介護施設にいる高齢者も医療を受けることができるが、受けにくくなっているので不便である。

二〇〇八年（平成二十年）には後期高齢者保険が制定された。これは七十五歳以上の高齢者を通常の健康保険から切り離した、独自の保険制度である。保険料の徴収も給付の基準も通常の保険とは異なる。七十五歳以上の高齢者は老化に伴い、健康障害も多く、不自由度も強くなる。それに対応するための制度であった。

日本の医療を総合的に見ると、患者は医師を自由に選べ、医療費は比較的低廉である。そのため、医師会も厚労省も「日本の医療制度は世界一」と言っている。他の先進国もそう見ている。然しその日本も医師や看護師は不足気味で、特に大都市を離れた地域では深刻である。医療スタッフが少ない中で、スタッフは過労気味である。時間外勤務などは普通で、仕事の量は多い。人権意識の高い外国人なら耐えられない環境に堪えている。日本の医療はスタッフの忍耐によって維持されていると言えよう。

地域によっては小児科や産科など、医師不足で治療が受けられないところがある。これなど、皆保険制度が一部破綻したと言われても仕方がない状況である。

日本の介護制度

前述のように、日本は急激に高齢化し、長寿化した。誠にめでたい半面、介護を要する人も急増し、その介護が問題になってきた。ここで其の現状を概観する。

介護保険は強制加入で、四十歳以上の人は所得に応じた介護保険料を払わなければならない。給与、或いは年金から天引きされることが多い。

介護保険の給付を受けるためには、自治体の担当部局にその旨を申請しなければならない。申請すると、担当者は医師の意見書を求め、係員を派遣して実態調査を行う。それらのデータを審査委員会が審査し、適否を判定し、適の場合、その介護度を決定する。介護度は低い順から高い方に七段階に分類される。介護保険からの給付限度額は重さの順に高くなる。それを表にすると次のようになる。介護度に応じ、この限度額までは介護保険から給付される。逆に言うと、これ以上の介護は受けられない（**表1**）。

表1　介護度と介護保険給付限度額

分類（介護度）	給付限度額（円／月）
要支援　1	49,700
要支援　2	104,000
介護度　1	165,800
介護度　2	194,800
介護度　3	267,500
介護度　4	306,000
介護度　5	358,300

介護保険の財源は、市民が払う介護保険料だけではなく、国、県、市町村も拠出している。その割合は保険料が五〇％、国が二五％、県が一二・五％、市町村が一二・五％である。公的資金の合計は五〇％となる（**図２**）。公費が五〇％と言っても、それは国民の税金から出るのであるから、結局は国民の負担になるのである。平成二十四年度の介護保険給付額は総額八・九兆円だった。その後も毎年上昇していく。

介護の必要な人は何人いるのだろうか。最近（平成二十五年の集計）では、上記七種の合計総数は五百六十六万七千人になっている。介護度４及び５は、最も重い状態で、食事から排泄まですべて援助しなければならない。ここまで

図２　介護保険の財源の割合

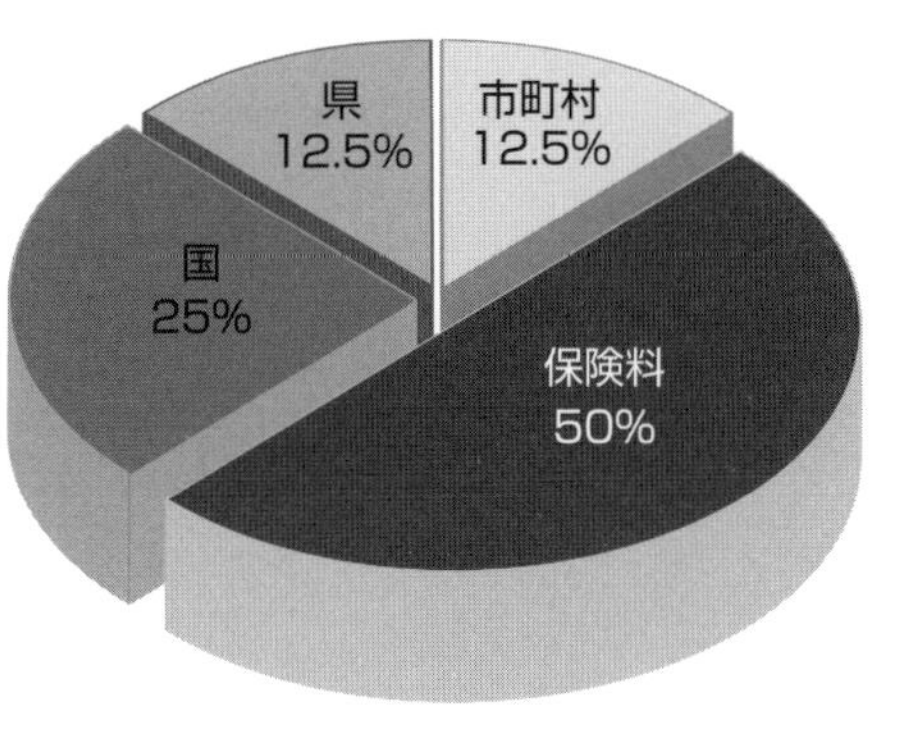

来ると、家族では支えきれず、特養などに入所させなければならない。この介護度4及び5の合計は百三十一万人いる。日本の特養はベッド総数がおよそ五十万であるが、常に満床である。入所を申し込んでも、空きが無いので入所待ちとなる。そのような人が四十万人いる。これがいわゆる介護難民である。

要支援の人は、予防に力を入れ、老化の進行と状態の悪化を防ぐような対策を取っている。介護施設への入所は、今までは介護度1から可能であったが、今後は3以上に制限される見込みである。入所できない人や入所の必要がない人はデイケア、短期入所、訪問介護など、様々な支援を受ける。その費用も前記の介護保険の対象となる。訪問看護のために在宅医療、在宅看護、在宅介護、在宅リハビリなどの制度もある。

第2章　死生観、尊厳ある人生

死をタブー視しない

生命は必ず終わりがある。人間もいずれは終末を迎える。それは誰でも知っているが、自分のこととは考えない。ガンなどにかかり、生命が危機に瀕すると周章狼狽し、どうしていいか分からない。医療の限界を超え、治療が不可能になると、民間療法や民間薬に頼り、多額の費用を費やす人も少なくない。

人生を立派に全うするには、生前から確たる死生観を持っていることが望ましい。昔は人生五十年と言われ、それを過ぎれば死ぬものだという意識があった。また昔は家族が多く、死亡率が高かったので、家族内、或いは近隣に人の死に出会うことが多かった。子供も沢山死んだ。それと仏教の無常観とにより、当時の人はある種の覚悟が出来ていたが、現在はそれが無く、死に触れる機会がない。その上、死は縁起が悪いもの、みだりに口にすべきものではないとされている。こうして現在の人は、子供は勿論、大人も死を知らない。

死を知らないので、生の尊厳も分からず、それが生命軽視につながり、いじめ、虐待、いわれなき殺人などにつながっていると言われている。死を意識しないと、生の尊厳も分からないからである。死をタブー視してはならない。死は学ばなければならないと言われれる所以である。

ガンの告知

以前は、ガンの患者に対して、医師も家族も診断を教えず、他の病気だと偽りの説明をしていた。それは患者がショックを受け、絶望することを防ごうとする配慮であった。しかし、そうしているうちに病気が進行し、体力が消耗してくる。それでも真実を教えて貰えない。家族や医師が嘘を言って慰めているとうすうす分かっても、患者もそれを言うことができない。結局、患者は不信感を抱き、病気の苦しみに加えて不信と孤独に耐えなければならない。そうして淋しい最期を迎えると、死後、家族も真実を告げなかったと罪悪感に悩まされる。

長い間こういう事態が繰り返されてきた。やはり告知をして、患者と悩みを共にし、共に戦い、共に悲しむことが正しいとされるようになった。ただ、告知はショックであることに変わりはない。告知のタイミングや伝え方に注意が必要である。医師や看護師の意見も聞き、状況を判断して適切なタイミングで告知するように、と言われている。

告知後、家族も医療スタッフも患者を良く支え、適切な医療を行えば、患者はそれなりに病気を受け入れ、死を受容し、最期を迎えることができる。これが尊厳ある死である。

日本尊厳死協会

この協会は一九七六年（昭和五十一年）に発足している。自分の最期は尊厳を持って終わりたいという人が集まって組織した。当時の死生観や医療の在り方に一石を投じるものであった。当時は、前にも述べたように、ガンは告知せず、生命を少しでも長く維持することが目標とされていた。患者の希望や思いが無視されていたのである。これに反発して彼らは次のようなリビングウィルを制定した。リビングウィルとは生きている間に発効する遺言という意味で、病気の末期などで口もきけなくなった際に、自分の意志を伝えるためのものである。リビングウィルは次の３項目からなっている。

１　不治かつ末期になった場合、無意味な延命措置を拒否する
２　苦痛を和らげる措置は最大限に実施してほしい
３　回復不能な遷延性意識障害（持続的植物状態）に陥った場合は生命維持措置をとりやめてほしい

このうち第1項と第2項は緩和医療の目的と同じであるから理解しやすく、受け入れやすい。しかし、昭和五十一年には、日本にはまだ緩和医療が始まっていなかった。これは当時としては斬新な思想だった。

問題は第3項である。植物状態の患者は自発呼吸があり、栄養や清潔を保てばいつまでも生きる。然し意識がないので、本人の意思は確認しようがない。尊厳死協会の人達はそのような状態で生かし続けて貰うことを拒否するのである。その気持ちは理解できるが、治療を止めて死なしてくれというのは、家族や医療者には極めて辛い。なぜかというと、栄養を中止するのは餓死させるということだからである。たとえ意識が無くても、生きている人を餓死させるのは酷（むご）くてなかなか実行できないのである。

リビングウィルはアメリカでは前からあった。立法化され、しかも、三人の執行代理人を定めておき、その人たちが監視するので、遺言通り実施されている。実行しなければ法律違反に問われるからである。

尊厳死協会も発足後すぐ、アメリカのような立法化を望み、その為のキャンペーンを張って来たが、法曹界や国会が認めなかった。平成二十五年の今でも認められていない。そして上記の第3項は実行されず、リビングウィルに反して生かされ続けている。家族が実行を医師に懇願し、医師団が協議の上同意すれば実行は可能であるが、そのようなケースは稀である。尊厳死協会はいまでも立法化運動を続けているが、いつそれが成功するのか見当もつかない。現在尊厳死協会の会員は十二万人を超え、各県に支部が設けられている。

筆者が思うには、法律の裏づけがない今でもリビングウィルは書いておくべきであると考える。その人の意志が確認されるからである。次に述べる胃瘻問題などでも、患者の意志が分かれば対応の決定に大いに参考になる。

胃《い》瘻《ろう》

胃瘻とは胃に穴をあけてそこに管を通し、この管を通して流動食を与え、生命を維持する方法である。口から食べられない患者の栄養を維持するには、点滴静注、鼻ゾンデ、胃瘻の三つの手段がある。鼻ゾンデとは、鼻から管を入れて胃まで通し、それを通して流動食を与える方法である。患者や医師にとって、最も手がからないのが胃瘻である。そこで胃瘻が、点滴や鼻ゾンデに替わって汎用されている。

しかしこの胃瘻は、意識のない患者に応用すると、患者はいつまでも生きる。意識が無くても死ねないと言うこともできよう。既に寿命が尽きて死ぬべき人が、いつまでも死ねないので、却ってその人の尊厳を損ねると言うこともできる。家族もそれとなく終わるのを待っているが、なかなか死なない。前期のように、栄養の注入を止めて死なせることが感情の上で出来ないからである。前に述べたように、尊厳死協会のリビングウィルでも同じことが議論されている。

民間でも、こういう事情を知った人は、自分はそうなったら治療をやめてくれ、と思っている。この、胃瘻設置忌避論がかなり拡がっているのが現状である。医師たちはどう考えているのだろうか。老年医学会など、老人医療に関係する学会などではこう考えられている。胃瘻は、栄養補充の一時的手段である。回復が見込めない患者には設置しない方がよい。これが一般的な医療側の方針だと考えて差し支えないだろう。

しかし、既に胃瘻が設置され、患者が長期化し、これを継続することが却って生命の尊厳を冒すと考えられる場合、胃瘻治療を中止すべきかに関しては結論が出ていない。何らかの法律による指針を作らないと正解を出すことができない。それでも、家族や医療陣が全員合意し、それをしっかり記録に残せば、現在でも治療の中止は可能である。しかし、全員一致に達するケースはまれで、中止できないのが実情である。

ガン患者の心理過程

ガンは早期に発見すれば大抵治る。少し進行したがんでも、手術、放射線照射、化学療法(抗がん剤による治療)で治ることも少なくない。全体として五十％は治っている。然し発見が遅れた場合や、再発して全身に転移した例などは治らない。

ガンの患者は種々の悩みを持つ。体の苦痛、物思い（心の苦痛）、社会的苦痛、霊的苦痛という四種の苦痛に悩まされる。患者の心理を追究した研究は沢山あるが、米国の精神科女医キュブラー・ロスの研究がとくに有名である。キュブラー・ロスによると、患者は次の五つの段階を経るという。もっとも、五つの段階が直線的に経過するのではなく、行きつ戻りつしつつ終末に向かうということである。

1　否認：ガンという診断を信じない、何かの間違いだと思い、医師の診断を否定する。

2　怒り：なぜ俺がガンに罹るんだ。何も悪いことをしない俺が。この時期、患者は家族や医師に怒りをぶつける。

3　取引：神様、ガンをお癒し下さい、治ったら善行に励みます。神社に寄付します。

4　うつ：やっぱりだめか。治れないのか。悲しみにくれる。

5　受容：これが運命か。悲しいけれど家族に礼を言って別れよう。医師にも。

キュブラー・ロスの研究は有名であるけれども、すべての患者がこの通りの経過を通るわけではない。人生はさまざまであるから、いろいろなバラエティがある。然し前記の五経過はかなり参考になる。がん患者をサポートする場合、患者の心理を理解し、それに沿って支える必要がある。その際、前記の解析はかなり参考になる。

臨死体験

聖書によればイエスは十字架で殺されたが、三日後に復活したと書かれている。しかし現実には、一旦死亡した人が蘇生することはない。しかし、死んだように見えた人が息を吹き返すことはある。大怪我、水に溺れた人、心筋梗塞、脳卒中、大出血などでそのようなことがまれに起こる。死んだように見えたときに経験した記憶が臨死体験である。このような臨死体験者の記憶を調査し、研究した学者が何人もいて、その様子が報告されている。臨死体験に関する著書も何冊か出版された。

それらの研究によれば、予想と違って、その時感じたのは苦痛や絶望ではなく、開放感や安堵感などであった。自殺未遂のような場合、苦しかったというケースがあるが、大多数は苦痛が全くないのである。

臨死体験者はしばしば体外離脱を経験する。例えば心筋梗塞で入院し、意識も喪失して死に瀕したとき、意識（たましい？）が体を抜け出して天井を漂い、ベッド上の自分を見下ろしている。医師や看護師が自分を助けるため、右往左往しているのが見え、何とか助けてくれと思っている。然し苦痛は感じていない。大怪我で意識を失い、死に瀕し、顔が苦痛にゆがんでいた人も苦痛の記憶がない。

臨死体験の中でトンネル体験もしばしばおこる。意識（たましい？）が体を抜け出し、暗いトンネルの中を飛んでいる。するとはるか向こうに明かりが見える。やがてトンネルを抜けると、明るく平和なところに出る。非常に明るいが眩しくはない。そこで先に死んだ人に出会ったり、神様に出会ったりする。すべてが明るく楽しい。いつまでもそこにいたいと思う。しかし、先に死んだ人、或いは神様から、「まだ早い、今はこの世に戻りなさい」と言われてしぶしぶ帰って来た。すると元の病院のベッドにいた。

このほか、いろいろなバラエティが専門書に記載されているが、ここでは省略しよう。

臨死体験をする人は少なくないとされている。然しその体験を語ろうとする人は少ない様である。次のようなエピソードを紹介しよう。臨死体験の研究者が医師を集めて講演したときのことである。講演が終了した後、ある医師が意見を述べた。「そんなの信じられない。私は長く医師をしているが、臨死体験の患者を診たことがない。臨死体験は実在するだろうが、極めて稀な現象だろう」と。ところがこの医師の妻が臨死体験をしていたのだった。妻は誰にも語らないので、夫も知らなかったのである。

臨死体験後、その人は人生観が変わることが多い。あれが死ぬということか。それなら怖くない、むしろ楽しい。こうして死の恐れが消える。また、瑣事にこだわらず、自分のためより、人のために役立ちたいと思う。金持ちでケチな人が、臨死体験後、博愛主義者に変身し、慈善事業に励むようになった例が知られている。ある人はこういう。臨死体験者を集めて、世直し運動を起こしたいと。

臨死意識

臨死意識は臨死体験と似た名称であるが、内容はかなり違う。ガンの末期などに、患者は体力も気力も衰え、意識も朦朧《もうろう》となる。その時しばしば枕頭に、幻《まぼろし》が現れる。既に死んだ親や兄弟や友人などが現れ、患者と話しをする。しかし同時に、看病をしている家族とも話をし、「死んだお父さんが来ているよ」などという。
死者が見えるのは一種の幻覚であるが、通常の幻覚とは異なる。通常の幻覚は幻覚の世界に没頭し、現実との接触を失うが、この場合はそれがない。夢と現実が混じり合っている。この特殊な状況が臨死意識である。

この現象は欧米の文献では臨死意識（near-death awareness）と呼ばれている。同じ現象は当然日本にもあり、昔から知られていた。日本ではこれを「お迎え」と呼んでいる。お迎え現象は決して珍しいものではない。臨死意識、ないしお迎えは患者にとって怖いものではない。むしろ死出の道連れが来たようなもので、安心なものである。しかし見守りをしている家族は患者がうわごとを言っていると心配し、頭が狂ったのかと疑う。薬の副作用かとも考え、医師に薬の減量を願ったりする。このような配慮は実は不要なもので、時に薬を減らしたりすると状態が悪化することがあるので、家族は心配せず、おだやかに見守るのが良いとされている。

むかし浄土宗の信者は、死の間際に阿弥陀如来が迎えにくると信じていた。現在でもそうかもしれない。こういう信者の今わの際に実際に阿弥陀様が現れるのかもしれない。

日本人とあの世（死後の世界）

臨死体験者は、あの体験が死後の世界だと思い、死を怖れなくなる。しかし、一般の人は死後の世界を知らない。死後の世界があるかないかもわからない。死はすべての終わりで、人は永久に消滅する、死後の世界はない、と思う人も少なくないが、死後、魂が行く世界があるのではないかと思うのが一般的であろう。

伝統的に日本では、死後あの世に行くと信じられてきた。あの世は、多分地下にあるのだろうが、そこには既に死んだ人がいて、私が死んだらそこに行ってみんなに迎えられ、みんなと暮らす。その生活はこの世とあまり変わらないが、生活習慣が異なる。着物は左前に着、帯は縦に結ぶ。足袋は左と右を逆に穿き、茶碗は割れたものを使う。これはあの世の作法であるから、この世でやってはいけない。

あの世で何年か暮らしたのち、またこの世に赤ちゃんとして生まれ変わる。生前善い行いをした人はあの世の滞在期間が短いが、悪い行いをした人は長い年月あの世にとどめ置かれる。

これは、仏教や儒教が日本に伝来する前から日本に存在した俗信だと言われている。この俗信は、現代人には信じがたいが、ガンの末期などには救いとなる。死んだらあの世に行き、先に死んだ父母や兄弟、親友たちと暮らすというのは、死を目前にした人には心に響き、安らぎを与える。

仏教説話ではこうなる。死後、遠い旅をして三途の川に到り、渡し守に渡し賃を払って向こう岸の死の世界に行く。するとそこに閻魔大王という地獄の王様がいて裁きを行う。この世で善行を積んだ人は極楽に送られ、悪行を積んだものは地獄の刑罰を受ける。その刑罰たるや地獄の鬼どもになぶられ、血の池、火の海、針の山、あらゆる苦しみを与えられるというのである。

これは、勧善懲悪の戒めであろう。しかし、現代人にはそれほど説得力がないように思われる。前にも触れたが、浄土宗の信者は、今でも死後、西方十万億土の極楽に迎えられると教えられている。昔はこれを熱心に求めたが、現在ではそれほどではないような気がする。

他国の死後説話

多くの国でそれぞれの死後説話があるが、日本のそれと似たものが多い。ギシリャの神話では、死者はスチュクスという川に到り、カロンという渡し守に渡して貰い、ハデスという王様に裁きを受けることになっている。

エジプトでは、死者の魂は二つあり、一つは天に上るが一つは死骸と共にこの世に残る。やがて時が来ると、天に上った魂が元の体に戻るが、体が無いと戻れない。そこで体をミイラにして保存し、魂の帰還を待つことになる。こうしてミイラの技術が発達した。王様の場合は、死骸と共に残った魂の住まいとして立派な部屋を用意した。それがピラミッドだ、という。

インドのヒンドゥ教では、死後、魂は天に上るが、やがて地上に生まれ変わる。生まれ変わるところは虫であったり、動物であったり、定めがない。あらゆる生物になりえるのである。これが輪廻の思想で、命は無限に輪廻転生を繰り返す。この思想は生命尊重の思いを育てた。虫けらだって、昔の自分か、親兄弟か分からない。だから殺生してはならないのだ。

この輪廻転生の思想が仏教にも取り入れられた。然し変形して、六道輪廻の教えになった。六道というのは天、人、修羅、畜生、餓鬼、地獄の六つで、この六つを無限に輪廻すると教える。

現在の平均的日本人にはこの考えは共感を起こさないのではないだろうか。

科学的にはどう考えるか

事実を追及する科学にとって、生命は遺伝子ＤＮＡの設計図に従って種々のたんぱく質が作られ、タンパク質は体を構成し、また酵素として生命現象を起こす。その生命現象が尽きればタンパク質もＤＮＡも壊れて再生することはない。物質としてはそこで終わり、魂や心は出る幕がない。

だからそこで一切は消滅して後には何も残らない、という考えもある。こう考えて、これこそ一切の迷信を取り去った近代的解釈だ、という人もいる。しかし、それでは味も素っ気もない。死後にも魂は残り、何らかの後生があるのではないか、と考える人も多い。従来の考えを肯定する人もあれば、極楽浄土を願う人もある。

そもそも心は物質ではなく、おもいである。そのおもいが確固たるものなら確信、または信仰となる。おもいは心の働きで、脳神経が生み出すのであろう。しかし脳神経そのものではない。波は水の動きである。水は実態であるが、波は実態ではない。空気は実態であるが、風はその動きに過ぎない。それと同じで心は実態、ないし物質ではないが、波や風が強い力を持つように、心も人間にとって大きな力を持つ。心の世界も大切なものだと筆者は考えている。

死後の存在も実態ではないが、人間の心に存在する。心（非実態）は体（実態）と密接に関連するが別物である。心が死後の存在に惹かれるなら、それを否定すべきではなかろう。

死後、あの世に行き、そこで先に死んだ人と出会い、何年か暮らすうちにまたこの世に生まれ変わるというのは、心の思いとしては望ましいことである。今わの際に、そこに行くのだという思いは死の怖れを和らげ、何らかの希望をもたらす。これは否定すべきではないだろう。極楽浄土を希求するのも結構なことだ。各人の思いは様々であろうが、それぞれ尊重すべきものと考える。

死をこう考えることも可能である。生命は遺伝子ＤＮＡという設計図に従ってタンパク質が作られ、それが体を構成し、生命現象を担っている。ＤＮＡもタンパク質も炭素、水素、窒素、リン酸などの物質からなっている。これらの物質は宇宙のエネルギーが作り出したものであろう。人が死ねば、物質は壊れ、分解し、元の炭素、水素、窒素、リン酸などに戻る。つまり、人は宇宙の生命力から生まれ、死ねばもとの宇宙の元素に還えると。

文明が最初に発生したと言われるメソポタミアでは、人は土から生まれて土に還る、と信じられてきた。この考え方は聖書にも出て来るし、東洋にも存在する。土を冷たい無機質と考えず、万物を生み出す生命の母と考えれば、前記のＤＮＡ説と同じになる。生命は宇宙から生まれ、死ねば宇宙に戻るというのは決して新しい考えではない。

第3章　ボランティアの問題

日本のボランティア

日本にも熱心なボランティアがいるが、欧米に比べるとまだ格段に低い。欧米では百年以上前からボランティアが盛んであるが、日本では歴史が浅い。

阪神大震災（一九九五年、平成七年一月）の後、全国からボランティアが駆けつけ、被災者の救援に努めた。これが日本のボランティア元年と言われている。勿論、その前にもボランティアはいたが、数も少なく、社会に対する貢献度も低かった。阪神大震災以降、ボランティア意識が起こり、災害ボランティア以外でもボランティアが発展した。特に病院や介護施設にそれが見られる。二〇一一年の東日本大震災に際しては全国的に支援活動が起こった。今でも、当時より規模は減少したが、息の長い復興ボランティアが働いている。

介護施設におけるボランティアを見ると、合唱団や舞踊団などが訪問し、入所者を慰める形式が多い。また、介護施設が七夕や節句などのお祝いをするとき、近所の人が行って行事に参加して支える形も多い。施設の中で、花を活けたり、絵を展示したり、庭の掃除をしたりするボランティアもいるが、入所しているお年寄りに直接触れることは殆どなかった。僅かに、傾聴ボランティアと言われる人たちがお年寄りの悩みを聞いて支えているだけである。

アメリカの介護ボランティア

アメリカでは、ボランティアはお年寄りに直接奉仕している。One on Oneというのはボランティアがお年寄りに寄り添い、話し相手、遊び相手、散歩相手になる形で、友情訪問(friendly visiting)とも呼ばれている。このほか、数人が一組になり、歌うのが好きなお年寄りを集めてみんなで歌って楽しむ形、体操を一緒に楽しむグループ、テレビ鑑賞、庭で茶話会、街に買い物、日曜礼拝、語学教室、陶芸教室などなどをする形もある。

どの形も、ボランティアは毎週一回決めた曜日、決めた時間に施設を訪れて奉仕している。ボランティアの総数は多く、施設のベッド数よりボランティアの数の方が多い。一人一人は毎週一回の訪問であっても、施設の方から見ると毎日十人も二十人ものボランティアがきてくれる。しかも年中無休である。

ボランティアの年齢層は多岐にわたり、高校生から中年の者、お年寄りまで幅が広い。定年後の年配者が多いけれども、中年で現職の人も週末にボランティアをする。中には、会社が認めて、勤務日にボランティアをする人さえいる。

ボランティアは週一回が標準であるが、週二回の人も少なくない。稀には毎日という人もいる。ボランティアは準職員のような立場で、職員と協力して介護に当たっている。ボランティアも職員も仲間としてファーストネームで呼び合い、互いに違和感がない。ボランティアを始めると辞めることが少なく、継続十年、二十年という人が多い。それほどボランティアが楽しいのである。

市民はボランティアをするのが当たり前、施設はこれを受けるのが当たり前、というボランティア文化が根付いている。これは隣国のカナダも同様である。アメリカには悪い点も少なくないが、ボランティア文化だけは日本の模範にしたいと思うのは筆者だけではないであろう。

ボランティア文化

「困った人がいれば助けよう」という気持ちがボランティアの原点であろう。昔から貧民や病気に対して援助の手を差し伸べる事例は多い。然し、多いとはいっても、実際は稀なことだったのだろう。稀だから、特に記憶され、勧善の思いから語られることが多かったに違いない。慈善ないし慈悲の行為は人々の賞賛に値する。とにかく、困った人を助けようとする心は普遍的に存在するが、実際にそれが実行されるのは少なかったとみられるのである。

　ヨーロッパでは中世以来、キリスト教の影響下に慈善事業が推奨された。行き倒れを収容して世話するというホスピスが生まれたのもその一つの表れである。慈善事業は、上から下へ、という恩恵の意味合いが強かった。

　ヨーロッパでは民権運動がかなり古くから起こっている。一番顕著なのがフランス革命（一七八九年）であるが、その前にもイギリスでピューリタン革命（一九四〇年）や名誉革命（一六八八年）など、何度も民権運動が繰り返された。これらはすべて君主の専横を制限し、人民の権利を主張するものであった。民衆は君主の言いなりにならず、自分の立場を守ろうとした。さらに言えば、君主や政府は民生にあまり口を出すな、人民は人民同士で助け合ってやっていく、という主張である。これは同時に、仲間が病気や災害で苦しめば、仲間が助けようという精神である。これをコミュニティ意識と呼べば、ボランティアはまさにコミュニティ内の助け合いに他ならない。欧米の民主化は何度も流血を伴う犠牲を払って獲得したものであるから、彼らはこれを大事にするのである。

　アメリカは歴史の新しい国であるから、建国以来の民生にこれがよく表れている。

欧州からの移民がアメリカ各地に広がってコロニーを形成する。二〜三十年も過ぎると、初代は年老い、この子供たちが働き盛りになる。そこにもここにも年寄りがいて、各家庭で重荷になってくる。すると村人が相談して、大きな建物を建ててそこに病弱老人を収容し、皆で交代で世話することにする。医師や看護師が必要ならそれを雇う。こうして病院が出来上がるが、病院の主体は村人であって、医師が来てからも村人が行って老人の世話を続ける。これが病院ボランティアの原型である。

筆者らがアメリカを訪問し、ロサンゼルスの老人施設を訪れた時、これと同じ話を聞かされた。そこは日系アメリカ人の建てた施設であるが、大戦終了後、日系アメリカ人の中堅が集まり、年老いた両親のために老人施設を建設した。両親たちは戦争中、敵国人とみられ、財産を没収され、収容所に隔離されるなどの苦労を重ねた。その人たちが安楽に過ごせるよう、金を出し合って建てたのである。その施設は大きくなり、今では四つの施設を有し、総計六百四十のベッドを持つに到った。そこに千五百人のボランティアがいて、各ボランティアは毎週二〜三時間の奉仕をしている。市民は中高生から年寄りまで、気軽にボランティアに参加している。ボランティアをするのが当たり前、施設はこれを受けるのが当たり前、という意識である。これをボランティア文化と呼んでよいのではないか。

残念ながら、この種のボランティア文化が本邦にはまだない。これを育てるのが今後の課題ではないか。


科学技術振興機構理事の北澤宏一氏は次のように論じている（学士会会報 No 852, 2005 Ⅲ）。今後、地球のグローバル化と科学技術の革新とともに、国際競争が激化する。その中では当然勝ち組と負け組が発生する。負け組、特にその底辺にある人は困窮するに違いない。日本の失業率を五％以下に維持することは困難と思われる。困窮者が増え、病人や病気の老人が増えれば社会が不安定化するので、国は福祉制度を通じてこれを支援するが、支援には限度がある。この時、無償の支援力としてＮＰＯ（非営利活動）が働かなければならない。ＮＰＯ（非営利活動）はすなわち無償で働くボランティア活動に他ならない。

アメリカはＮＰＯが盛んで、その財政規模は二十五兆円を超えている。その財源は善意の寄付である。ＮＰＯの世界には競争がなく、敗者にも病者にも老人にも優しい。二十五兆円の規模はまたかなりの雇用も生む。ＮＰＯは無償のボランティアといっても、事務や特殊な奉仕などは有料で雇わなければならないからである。北澤氏はこれを第四次産業と呼んでいる。そして、健全な第四次産業が育たなければ安定した社会の発展はないと論じている。

アメリカに比べて日本には第四次産業がないに等しい。ＮＰＯはあるにはあるが、その財政規模は五千六百億程度でアメリカの１／50に過ぎない。一方日本ではパチンコなどのギャンブル性消費が年間三十兆円規模に達している。この不健全な金額を健全な第四次産業に移行できないか。

筆者はこの論説に接して共感するところが大きかった。健全なＮＰＯを育成することは必要不可欠なものと認識を新たにした。筆者らが介護ボランティアの育成に努めている動機の一つはこの論説によっている。再び言いたい。この種のボランティア文化を日本にも根付かせなければならないと。

戦後の日本の精神文化

大戦に負けて連合軍に占領された日本は、一時虚脱状態だったが、次第に立ち直り、国民は刻苦勉励して復興に励み、遂に奇跡の発展を遂げ、世界の賞賛を浴びるまでになった。数十年は右肩上がりの上昇を遂げたが、二十年ほど前から頭打ちになり、経済は低迷し、国民の意識も低落したように見える。何より、戦後、道徳的意識が薄れ、「自由」を「勝手」と解釈し、人命軽視の傾向すら現れている。これは戦前の道徳基準が消滅し、それに代わる基準が育たないためと思われる。

戦前、筆者の少年時代は、まだ伝統的道徳意識が保たれていた。それは儒教的な忠孝（君に忠に親に孝に）や長幼の序などである。また、仏教的無常感も一般的だった。村には村社会の掟があり、掟の中で互いに助け合っていた。戦後これらが崩れ、それに代わるものがない。基準がないのでみんながバラバラで、勝手気ままがまかり通っている。

これを憂いて「昔に還れ」と主張する人もいる。しかし、昔に還ることは無理であろう。昔は農業を基盤とし、進歩を必要としない社会だった。必要としないばかりか、昔からの習慣を守ることが一番大事だと考えられていた。旧習をまもり、進歩思想などハミ出しとされ、村八分にされる危険さえあった。現在のように基幹産業は農業から工業や商業に移り、変化の急速な時代に、戦前の道徳に戻ることはできない。

「昔に還れ」という主張は、介護問題についても同様である。彼らは言う。昔は年寄りが弱り、病気になっても家族が暖かく見守った。介護施設などは必要なかったと。これは甚だ当を得ない主張である。戦前の平均寿命は五十歳にも満たなかった。六十歳まで生きれば、長生きしたと還暦祝いをした。七十歳、八十歳の老人は極めて少なかった。また、そういう年寄りが寝込めば、確かに家族で見守り、入院はさせなかったが、見守りと言っても寝せておくだけで、枕元におにぎりを置くくらいだった。老人は間もなく床ずれを生じたり、肺炎を併発したりして最期を迎えた。そして、それが当たり前で、世間も、本人でさえも、そういうものだと思っていた。それが当時の文化だった。今日のような介護問題は初めからなかったのである。今日、寝込んだ老人を昔のように扱えば、虐待だ、ネグレクトだと非難されるだろう。状況が大きく変わったのだが、それを無視した議論は意味をなさない。

以上、昔に還ることが不可能なことを論じた。ならばどうすべきか？　これだけグローバル化した時代である。グローバルな基準で考えなければならない。フランス革命のとき、「平等、友愛、自由」がモットーとされた。これなら国が違い、宗教が違っても通用する。また、村社会に替わって、コミュニティ意識が大切である。こういう世界に通用する意識を育て、日本社会に根付かすことが必要なのであろう。コミュニティ意識の中にボランティア文化が含まれることは当然である。

日本の介護施設におけるボランティア

介護施設におけるボランティアの現状は、前述のように、日本では数も少なく、内容も異なっている。日本のボランティアは大体慰問型で、時たま行って集団で奉仕する。これは慰問にはなるが、お年寄りの友達にはならない。お年寄りは孤独で友が欲しいのであるが、それに対応するボランティアが殆どいないのが現状である。

しかし、一般市民の中には、お年寄りのお世話をしたいと思う人は少なくない。介護施設はいつもボランティアを募集している。そこで施設に行ってボランティアをしたいと申し出ると、それでは花を活けて下さい、洗濯物の整理をして下さい、或いは庭の草取りをして下さいなどと言われる。ボランティアがそれを始めると、やり甲斐がないので辞めてしまう。ボランティアが希望しても年寄りのお世話をすることは許されない。施設から見ると、ボランティアは何の資格もない市民であるから、家族でない限り入所者に触れてはならないのである。市民が病室に入ればプライバシーが守れない、患者に怪我をさせる恐れもある。病室は職員の聖域だから、一般市民の侵入を許さないという意識もあるのかもしれない。日本にはまだ村意識的な感覚が残っているのか、仲間意識は強いが、よそ者は入れないという考えがあるようである。そういうことで、今まではボランティアを施設内に受け入れるという伝統がなかった。この点について国や市などの指導機関からの指導もなかった。

施設が寄り添いを認めないのであるから、ボランティアは入りたくても入りようもない。アメリカではボランティアを中に入れて活用しているのに、日本ではそれが出来ない。介護施設はいつも人手が足りず、職員は仕事に忙殺されている。患者に寄り添い、話を聞いてやりたいがその時間がない。ボランティアがいればそれが満たされるのにそれをしない。

要約すればこうなる。一方ではボランティアをしたい善意の市民がいる。他方では猫の手も借りたいほど忙しい施設がある。なぜ人の手があるのにそれを活用しないのか。筆者らはこのことを憂いた。何とかならないのか。これは学べば解決できるのではないか。善意の市民は介護ボランティアのやり方を学び、介護施設はアメリカの実情とノウハウを学べばいいのではないか。そこで仙台敬老奉仕会を設立し、市民と施設に呼びかけて定期的に研修会を開くことにした。

NPO法人　仙台敬老奉仕会

各県、各市町村には老施協（老人福祉施設協議会）という組織がある。地域の特養（特別養護老人ホーム、正式には老人介護福祉施設）が集まって情報交換や知識の交換をし、団結と向上を図る組織である。筆者と他の二人、計三人で仙台市の老施協を訪ね、会長さんに相談した。前記の考えから、研修会を開き、施設の職員と善意の市民が共に学び、ボランティアを大量に育成し、各施設に導入しようと協議したのである。会長さんは半信半疑であったが、原則的に了解した。

そこで我々は市民と老施協加盟の各特養に案内を出し、研修会を開いた。集まりは悪かったが、隔月に開催し、毎回アメリカの事情やボランティアのやり方、受け入れ方を勉強した。初めの二年間は施設側の出席も少なく、受け入れも実現しなかった。しかし市民側は理解者と協力者が増えて行った。

施設の中に一旦成立した考え方を変えるのは容易なことではない。また、施設は業務に追われて学ぶ時間もなく、関心も湧かないのであろう。それでも辛抱強く研修を続けた。するとある時、特養を始めたばかりで、老施協にも加入していないところの施設長さんが興味を示し、そこで受け入れてくれた。ここは従来の伝統が無いので、却って受け入れ易かったようである。ここを皮切りに、少しずつ受け入れ施設が出てきた。

然し進歩は遅々として伸び悩んだ。そこでアメリカに調査訪問を企画した。アメリカの介護施設と連絡を取り、訪問の了解を取り、こちらでも四施設の参加を取り付け、二〇一二年二月、リバーサイド市とロサンゼルス市を訪ね、現場を見てきた。これはかなりインパクトがあり、老施協の会長さんの態度も前向きになった。さらにその年の十一月、今度は上記二市の専門家をお呼びし、特養を視察したり、公開フォーラムを開いたりした。これもかなり効果があった。

こうして受け入れ施設も次第に増え、七施設が寄り添いボランティアを受け入れ、さらに数施設が受け入れを表明している。本書が出るころはもっと増えているはずである。

現在の寄り添いボランティアはまだ三十名前後であるが、その人たちはお年寄りに喜ばれ、それが励みになって毎週寄り添いを続けている。施設も初めは馴染めなかったが、今ではボランティアに感謝するようになった。ボランティアの数も、次第に増加に向かっている。

二〇一三年二月に、ＮＨＫのラジオ深夜便、「明日へのことば」がこの活動を取り上げ、筆者に放送する機会を与えてくれた。放送の結果、全国各地から激励や賛同の反響があり、自分の所でも寄り添いボランティアを始めたいという人もあった。日本全体にこういう雰囲気があると感じ、そういう人々と連帯しながら、この運動を推し進め、アメリカに追い付き追い越したいと念じている。

施設の受け入れ体制

介護施設が寄り添いボランティアを受け入れる場合、若干の準備が必要である。それは以下のような内容を含む。初めから完全な形はとれなくても、見切り発車しても構わない。発足後、少しずつ充実すればよい。

1　施設の首脳部の指導

施設の首脳部が市民ボランティアを受け入れ、その力を活用して介護力を上げようと決意し、幹部はもとより、現場の職員にまでこの方針を周知徹底させることが必要である。一度口頭で言ったくらいではなかなか徹底しない。何度も強調し、これは施設の重要事項であることを徹底させる。首脳部の決断と指導が無ければ成功はおぼつかない

2　ボランティアの世話役（コーディネーター）の設置

ボランティアの世話役を決めなければならない。世話役はコーディネーターと呼ばれる。ディレクター、またはマネージャーという呼び方もある。アメリカでは専任職員を充てるが、日本では当面誰かが兼務してもよい。コーディネーターはこの制度のかなめであり、極めて大切である。初めは施設長、事務長、古参の相談役、ベテランの看護師などが担当すると良い。コーディネーターは兼務でもよいが、片手間ではいけない。本腰を入れて取組む人が必要である。熱意がないとこの仕事は務まらない。

3　ボランティアの受け入れと準備

①コーディネーター

ボランティアの世話を一手に引き受ける。そのためにアシスタントを置くこともよかろう。アメリカでは専任のコーディネーターが複数いる場合もあり、専任は一人だが、兼任の副コーディネーターがいることも多い。

②ボランティアの名札

ボランティアは名札を付けて入所者に寄り添う。名札は、敬老奉仕会では会が作ってボランティアに渡しているが、それがない場合は施設が作る必要がある。敬老奉仕会で用いている名札を示す。

③認定証

名札の裏面に認定証を印刷しておき、施設長が信頼できると判断した場合はそこに署名捺印する。これで契約は成立したとみなされる。認定されたボランティア準職員のような身分となる。もはや一般市民ではない。認定ボラは施設長の管理下に入る。ボランティアから見ると認定証は身分証明書である。

名札とは別に認定証を作っても良いが、名

ボランティアの名札　（表）

ＮＰＯ　仙台敬老奉仕会
長谷川　孝子

札の裏面に書くと、常時携帯することになり、便利である。

認定証に記載する事項は、名前、「あなたを当施設のボランティアとして登録しました」という文、認定の年月日、施設名、施設長名、最後に施設の印である。仙台敬老奉仕会で使用している認定証を示す。

④勤務日誌

一枚の用紙に勤務日記を記入する。ボランティアの名前、日付、勤務開始時間、終了時間、勤務内容（どこで誰に奉仕したか、簡単でよい）、最後に感想ないし意見（なければ記入しなくても良い）。勤務日誌はルーズリーフを用いると後の保管・管理に便利である。コーディネーターは必ず日誌を点検し、反省

認定証　（裏）

> **ボランティア認定証**
>
> 当施設は長谷川孝子さんを認定ボランティアとして登録しました。
>
> 平成○○年○○月○○日
> 特養○○○○○○
> 施設長　○○○○　　　　施設　㊞

改善の資料とする。

⑤最初の面接（マッチング）

新しいボランティア希望者が現れた場合、その人とよく協議する（マッチング）。その人がどういうボランティアをしたいかを聞き、施設の方針とマッチするかを検討する。ボランティアの内容は種々あるが、「寄り添い」を基本形とする。ボランティアを実施する曜日、時間などを取り決める。毎週1回が標準である。ボランティアが働く時間は三時間程度が普通である。

このマッチングが成立せず、ボランティア候補者がしたいことと施設がさせたいことが一致しない場合は、ボランティアを謝絶する。不一致を承知で始めるとトラブルが生じて喧嘩別れになることが多い。

⑥ボランティアの開始

ボランティアの対象となる高齢者を選び、ボランティアと引き合わせる。現場の職員にも紹介する。以後、毎回同じ入所者（または同じユニット）に行って頂くのがよい。慣れ親しむからである。ボランティアと入所者が互いに慣れ、友達関係になるように配慮する。

⑦維持期

ボランティアの苦情、問題、提案などがあれば真剣に対応する。絶対に無視してはならない。(無視されて幻滅し、ボランティアを辞す人が多い)。

ボランティアと入所者、ボランティアと現場の職員との関係を良好に調整する。時々はボランティアと直接話をする機会を設ける。

4　フォローアップと継続学習

ボランティアが活動を開始したあと、これを維持発展させることが重要である。毎回ボランティアの残した活動記録を点検し、また現場の職員の意見も聞き、活動がうまく行っているかを見守り、必要に応じて調整をする。

なるべくボランティア本人と顔を合わせ、言葉を交わすようにする。

時には施設の幹部とボランティアが一堂に会して懇談する機会を持つことが望ましい。ボランティアは奉仕を開始した後も、研修会などに出て他のボランティアと意見を交換して切磋琢磨し、さらに理解を深め、同時に後進にアドバイスを与えることが望ましい。

ボランティアの心得

筆者らの仙台敬老奉仕会は次のような心得を作り、ボランティアに配布している。

基本原則

1　相手（施設入所者）に寄り添う。話し相手、遊び相手、散歩相手など。相手が反応しない場合は、いるだけ（ビーイング being）でもよい。いることが何かすること（ドゥイング doing）よりも大切である。
2　相手のプライバシーを守る。聞き知ったことを他に漏らさない。
3　相手に怪我をさせない。安全第一。
4　施設のルールを守る。分からない場合は職員に聞く。やりすぎ注意。

勤　務

１　定期性：決められた曜日、時間を守る。欠勤の場合は事前に連絡をする。

２　服装：　華美にならない服装。エプロン着用。名札着用。履物はスニーカーのようなものが適当

３　出勤時、職員に挨拶。着換えて相手の所に。

４　退勤時、勤務簿に記入、職員に挨拶して辞去する。

その他

１　勤務形態：寄り添いを基本とするが、施設の要望や自分の意向によって他の形態も可能。施設の担当者と協議し、合意して行う。

２　相手の所に行ったら、まず「○○○○です。○○○○さんこんにちは」と挨拶する。自分や相手の名を言う時、フルネームで言うと親しみが増す。

３　相手の性格や好みは様々。それに合わせる。臨機応変な対応。

４　こちらがやりたいことを主張しない。例えば、朗読奉仕をしたい人も、相手が好まなければしない。相手がこちらを拒否するときは身を引き、他の入所者のところに行く。

相手が望めば、できる限り応じる。無理な望み、例えば車いす禁止の人が車いすを望む場合は、訳を言って丁寧に断る。

ボランティアは定期的に訪問し、相手と知り合いになり、友達になる。行くと相手が喜ぶようになる。家族以上の存在になることが多い。こうなるよう努めよう。

これはボランティアが守るべき基本である。実際の現場では、応用問題が多発する。施設の入所者は様々な個性を持っているので、それに合わせなければならない。また、ボランティアにも個性があり、考え方、やり方に個性が出る。従って現場の対応は一様ではない。その場の状況によって判断するのである。その際、前記の基本原則に反することはないかだけ考えれば、あとは状況次第でよいのである。あることをしてよいか悪いか判断に迷う場合は、現場の職員に聞いて決めればよい。自己判断をして誤ってはならない。一般にやり過ぎに注意すべきである。

増補版

富谷市のチャレンジ
～富谷市スタイル

安積春美

誰かの役に立ちたい、そう思っている貴方！
寄り添いボランティアをなさいませんか

岡本仁子

畏敬する吉永馨先生とのご縁

NPO法人CIMネット　二宮英温

「日本にボランティア文化を」の初版は二〇一三年である。その後七年間、私達敬老奉仕会は介護施設における寄り添いボランティアの強化、普及に努めてきた。アメリカやカナダを訪問して調査したり、先方の専門家を仙台に呼んで公開フォーラムを開いたりして普及啓発に努めてきた。

その努力が、大きな実を結ぶことはなかったが、少しずつ確実に効果を上げてきた。いま、仙台市で寄り添いボランティアをしている人が四〇人、これを受入れる施設が一二に及んでいる。県内では気仙沼市や角田市でもこれを始めている。

昨年から、仙台市の北に位置する富谷市

が、市長の英断のもと、市を挙げて寄り添いボランティアの育成に取り組み、コージネーターとボランティアを募集し、研修させ、十月から六つの介護施設に派遣して成果を上げている。

いま、近隣の自治体にも接触してこの制度をお薦めしているので、更に拡大することが期待されている。

そこで今回、富谷市の了解とご協力を戴き、この増補版にその実像を掲載した。また、一人の寄り添いボランティアの実践者の論説も加えた。この人は殆ど毎日寄り添いボランティアを実践している。彼女もこの運動の発展を願い、市民の参加を呼びかける論説を書いたのである。

初版で詳述したボランティア問題の具体的進展例として読んで頂ければ幸いである。

米国老人介護施設訪問施設研修会に参加

仙台市とリバーサイド市の姉妹都市交流の功労者ハルバーサンの墓参り

米国リバーサイド市を訪れた仙台敬老奉仕会の関係者

富谷市のチャレンジ
～富谷市スタイル
施設と地域の支え合い
モデル事業「とみサポ こころね」の取り組み～

安積春美

富谷市の概況

宮城県中部にあり、仙台市の北側に位置する総面積四九・一八㎢の市。一九七〇年代から仙台都市圏におけるベットタウン機能を担い、二〇一六年単独市制施行。

人口　五二、五二一人　六十五歳以上人口　一〇、三九九人　高齢化率一九・八％（二〇一九年三月末現在）

特別養護老人ホーム四ヵ所（定員二一九人）　介護老人保健施設二ヵ所（定員二〇〇人）

富谷市の施設整備の考え方

富谷市では、高齢者にとっての施設を介護サービスの享受の場のみならず、「自分らしい生活が継続できる住まい」としたいとの想いのもと、二〇一三年六月の宮城県初の完全ユニット方式による特別養護老人ホーム整備を初めとして、施設と連携しながら整備や運営支援に努めてきた。特別養護老人ホーム入居が措置から介護保険での契約へと大きな変化を迎えている時期、将来自分の親を入居させたいと思えるもう一つの我が家を目指して整備。このような基本的考えと施設との関係があったからこそ、この取り組みも実現できたと考えている。

介護施設の課題

特別養護老人ホームの入居対象者の重度化（経年的な重度化と共に入居要件が原則要介護3以上）や介護人材不足が課題となっている。

取り組みのきっかけ

二〇一八年一二月二五日のクリスマスプレゼント

これまで、市には介護福祉現場でのマンパワー不足や介護福祉全体の底上げの必

NPO法人　仙台敬老奉仕会
理事長　吉永　馨

宮城県　富谷市長
若生　裕俊

要性など相談が寄せられていた。そこへ、これまでも多方面からご指導いただいていた吉永馨先生から若生裕俊市長へ、施設への寄り添いボランティア導入の提言があり、市長は、感銘を受け、その場で導入を即決。吉永先生からも協力を惜しまないことのお話があった。

富谷スタイル誕生まで

事業の生みの苦しみ

参考としたのが欧米型の寄り添いボランティア。欧米では、ケアホームや病院で、職員がコーディネーターとなり多くのボランティアが患者に寄り添い、話し相手になったりお茶を楽しんだりする活動を行っている。このため富谷市においいても、寄り添いボランティア・コーディネーター・施設の連携と支援体制の整備が必要と思われた。しかし、コーディネーターの役割を介護人材不足の施設に求めることは現実的でないため、その役割を施設職員以外で行う方法を模索。そして導き出したのが寄り添いボランティアの養成と共に寄り添いボランティアの調整役となる市民コーディネーターの新たな養成。

事業の組み立て

前向きな気持ちで、事業の三つの効果を期待。

一つめは、施設に入居している高齢者は、寄り添いボランティアと顔なじみの関係となり楽しみのある生活や趣味活動など自分らしい生活が続けられる。

二つめは、寄り添いボランティアやコーディネーターは、活躍の場を得て自身の元気が培われる。

三つめは、施設は地域に開かれ、人材不足の一助にもなり、それが質の高いケアへとつながる。

事業を進めることで、施設がもう一つの我が家と感じられる場所になり、やがて地域包括ケアにつながり、市民協働の取り組みの加速につながると信じて、制度設

若生富谷市長・富谷市社会福祉協議会・吉永馨理事長との協議

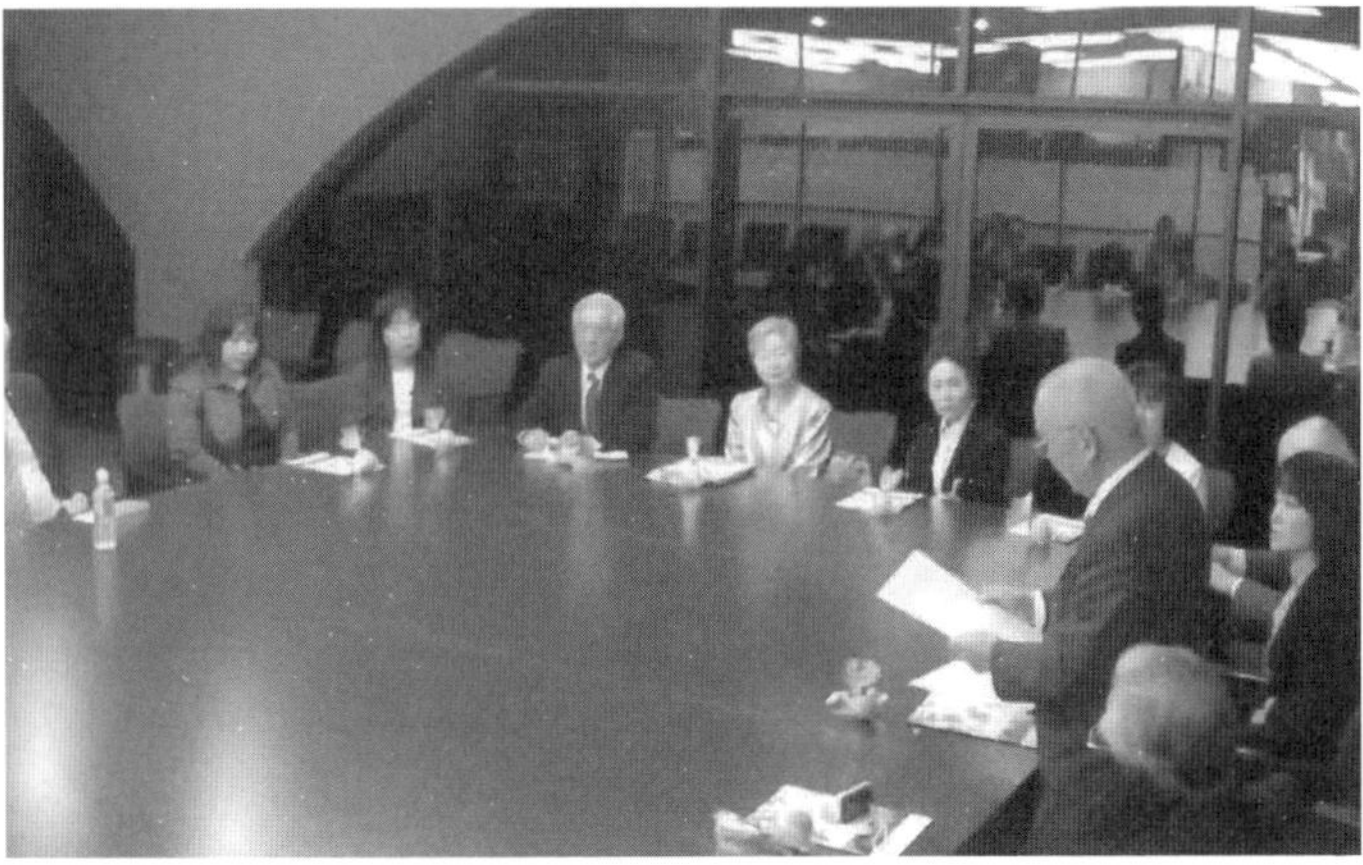

米国リバーサイド市役所を訪問
議会が始まる前の議員との交流
仙台市長の親書を読み上げる吉永馨理事長

計。

○事業概要

施設コーディネーターの調整のもと、施設サポーター（「寄り添いボランティア」を富谷市では、従来から使い慣れた「施設サポーター」と呼んでいる）が週一回程度、同じ施設（同じユニット）を訪問し、顔なじみの関係の中で、お話やお散歩、季節の催しや趣味活動を一緒に楽しみ、地域と関わりのある生活の継続を支援し、介護職員の負担軽減の一助ともする。

心・想いをひとつにする体制づくり

二〇一九年三月～四月　施設長の理解

施設を訪問し、施設長を中心に事業の必要性・効果を説明し、理解していただける努力

二〇一九年五月一六日　施設職員の理解

施設職員への事業説明会を開催し、現場を担う職員への必要性・効果を説明。この時、ボランティアは介護職員の補助ではなく、「寄り添いと見守りを主とし知識、適性を活かした生活支援」であることの理解を求めた。

二〇一九年五月二四日　市・六施設・社協の協力協定締結

市内全ての特別養護老人ホーム・介護老人保健施設に事業の賛同を得て、更には事業のバックアップを担う社協の賛同も得て、実施体制を整備事業名を地域と施設の支え合いモデル事業とし、六月二四日には事業の共有会議を開催し、事業目的を確認

二〇一九年六月　事業予算確保　市において、補正予算計上事業期間二〇一九年七月～二〇二三年三月までの二年九か月間の事業予算約六〇〇〇万を長寿社会福祉基

金（先駆的な福祉事業に活用できる市の基金）を活用し確保。施設コーディネーター・サポーターの安定的活動を支えることとした。

二〇一九年七月九日〜一一日（連続三日間）施設コーディネーター養成研修。各施設二名のコーディネーター養成を目標とし、これまで地域活動を経験してきた市民へ声掛けし、事業の賛同者一二名に受講していただき養成。

カリキュラム構成は、施設ボランティア概論（欧米に学ぶ）、モデル事業の理解、施設サービス・生活の理解、高齢者の心身の理解（認知症の理解を含む）、コミュニケーション技術、施設コーディネーターの役割、富谷市にお

若生富谷市長を囲んでの富谷市社会福祉協議会・老人介護施設・仙台敬老奉仕会の関係者

ける寄り添いボランティアについてのグループワーク、施設見学とし、吉永先生にも一部講師となっていただいた。修了後、修了証書を交付し、士気を高めた。

二〇一九年七月二九日・三〇日、八月一日（二・五日間） 施設サポーター養成研修

各施設三名の施設サポーター（ボランティア）養成を目標とし、市民公募により一八の応募があり、一七名が修了。カリキュラムは、ほぼ施設コーディネーター研修と同様とし、事業の共通理解を大切に進めた。

二〇一九年八月一日 社会福祉協議会と事業委託契約

バックアップを担う社会福祉協議会と委託契約を締結し、事業期間を二〇二三年三月までと定め、事業検証の上、その後の事業に反映することとした。

委託契約後、規定整備や施設との打ち合わせを重ねて事業スタートの準備に奔走。

地域と施設の支え合いモデル事業 開始式にて一致団結

二〇一九年八月二〇日、施設コーディネーター、施設サポーター、施設、市、社会福祉協議会のすべての関係者が事業開始を祝い、事業の愛称を決定。採用されたのは、「とみサポ こころね」。高齢者の心に寄り添うサポートを目指そうという、関係者全員の想いを込めた。ユニホームの色もひとを元気にする〝オレンジピンク〟

を選択し、背中には「とみさぽこころね」の文字をプリント。

「とみサポ こころね」始動

私たちは施設のお茶の間でひとときを過ごす「近所のともだち」になりたい。活動初日、入居者の隣にそっと座り、「こんにちは」と声をかけても、表情はかたいまま。ゆっくりと自己紹介をはじめ、「これから毎週会いに来るからよろしくお願いしますね」と話しかけると少しづつ笑顔になって会話が始まり、熱き想いが施設で花を開き始める。

目的を確認しながら、一歩づつ前進

施設、施設コーディネーター・サポーター、社会福祉協議会の密なる連携と共に定期的な振り返りの会を行い、活動を共有。徐々に施設毎の特徴も見え始め、ほどよい刺激の中で無理のない自然な活動になってきている

施設コーディネーターは、これまで経験したことのない施設サポーター・対象者・施設三者のコーディネートに苦慮しながらも、活動日にはユニット全体が明るくなり雰囲気も変わってきていることに喜びを感じている。

施設サポーターは、入居者の満足度が高まり、自分の満足度につながる喜びとやりがいを感じ、「活動日が待ちどうしい」との声が聴かれている。

施設職員は、地域の風が入り込む心地よい緊張感と入居者に寄り添ってもらえる安心感があると話している。

そして何より施設へ入居している高齢者は、昔取った杵柄でコーヒーの淹れ方やふるさとの鍋の伝授など自分でできる役割を担うことで、笑顔が増えている。

又、市や社協は、市広報において特集記事として企画したり、市社協の地域福祉フォーラムでは、吉永先生に講演いただき、パネルディスカッションで発表するなど市民の理解を求める努力をしている。

今後の展望

活動が地域から認められ定着し、「施設での暮らしもまんざらではない」と入居者から評価され、当たり前の暮らしが施設でも可能となる時代を描いている。

そのために、国には介護人材不足への対応策として、介護職員処遇改善加算のみならず、ボランティア導入加算のような仕組みも創設していただきたい。

富谷スタイルの活動が施設ケアのスタンダードになることを願っている。

そして、在宅・施設生活にとらわれない高齢者の暮らしを市民が支える総合的な地域包括ケアの実現による地域共生社会を目指していきたい。

誰かの役に立ちたい、そう思っている貴方！

寄り添いボランティアをなさいませんか

岡本仁子

1　私達はどこで何をしているか

まずある日の様子をお伝えしましょう。私達寄り添いボランティアが、とある特別養護老人ホームのユニットの前でいつものように黙想し、気持ちを切り替えて中に入ろうとした時、中から大きな声が聞こえてきました。（ユニットというのはおよそ一〇人が一区画に住んでいるところです）。

「どうしたの⁉」、「ダメよ、テッシュは食べ物じゃないの！」。すると男性がボソボソと何か言い返しました。私達は無言のまま目を合わせ、呼吸を整え、戸を開けて元気よく「おはようございます！」と声を掛けました。それは空気を変えたいと思ったからです。そう、ユニットの中の空気が張り詰めていたのです。すると一気にその緊張が解け、「なんだい、遅かったこと！」、「お早うじゃないでしょ、遅ようでしょ！」、「いらっしゃーい」等、次々と言葉が飛び交い、みんなに和やかな笑顔を出て、一週間の再開に両手を合わせて喜び合いました。

老人ホームには色々な方がおいでになります。高齢者で独り暮らしだった方、認知症や半身不随となりご家族だけでは介護が難しくなった方、お体は不自由でも頭はしっかりしている方もいらっしゃいます。家族の面会が余りない方は、体の不自由さも加わり、時に攻撃的になることもあります。このような方々に私達は寄り添っているのです。初めから心を開いて旧知のようになるなどと言うことはほとんどありません。これは皆さまの今日までの人生経験からもお分かり頂ける事でしょう。まったく知らない人ですから、老人ホームのお年寄りが警戒心を抱くのは当然のことです。

2　具体的には

初めてお目にかかる方にはできるだけ正面から近づいてお声をかけます。認知症のため、毎回初めて会ったと思う方がいらっしゃいます。挨拶して、隣にいても良いか伺います。ＯＫであれば座らせて頂きますが、ＮＯであれば他の方の所に移動します。私達は、ついつい、相手と何か話しをしなければという思いに捕らわれますが、ただ黙って隣に座り、寄り添うこと、これが寄り添いボランティアです。これを傾聴とおっしゃる方もいらっしゃいますが、会長の吉永は「友達になる」とおっしゃいます。私達が訪問したカナダのセントルイス　レジデンスの方々はボランティアの「フレンドリーヴィジット（友情訪問）」とおっしゃっていました。

言葉を失なわれた方（失語症）の隣にも寄り添いボランティアは必要なのです。人は人によって支えられるからです。

お年寄りの心を開くために一緒に歌ったり、ゲームをすることもありますが、私は、これらのことはあくまで手始めと考えています。歌って楽しい場合はそれも大切ですが、歌を好まない人もいます。ゲームをしたくない人、嫌いな人、うるさいと感じる人など、様々ですから押しつけることはしません。一緒に歌うときは歌詞カードを使う事もあり、カードを使わず、心に残っている歌詞で歌って頂くこともあります。決まったやり方ではなく、心に寄り添うことが私達のボランティアだと思っています。

施設の利用者さんは、皆さん、人生の先輩です。認知症になっても、オムツをしていても、年を取った赤ちゃんでは決してありません。尊敬の念を持って関わりたいと思っています。そのためには、お名前を覚えて、きちんとお名前をお呼びするのも大切なことです。

関わる時間は概ね二時間です。多くの方に寄り添うこともありますが、同じ方にずっと寄り添うこともあります。時には、それを見て別のお年寄りが「私にも来て……」と眼差しを向けてくることもあります。それが感じられるようになるには少し経験が必要かも知れません。それを感じたときにはできるだけその方のところに行ってお声を掛けるようにしています。

ボランティアをする相手が一〇〇人いれば一〇〇通りの関わり方があると言われています。それは一度きりの人生、人それぞれ様々な道を歩んで来られたからではないでしょうか。

初めてボランティアをなさる方には、このような光景をまず見て頂きますが、黄色いエプロンを着てユニットに入ると、利用者さんは、新人もベテランも関係なく「黄色いエプロンの人」つまり「ボランティア」として認識なさいます。新人もベテランも関係なく同じ活動を期待されるのです。そのようなときは、「初めてなので何も分かりません、教えて下さい」と正直におっしゃれば良いのです。すると利用者さんはとても嬉しそうな顔をなさいます。ただ相手の方に合わせれば良いのです。他のメンバーが何かしているからといって、何かしなければならないという思いに捕らわれる必要は全くありません。前にも話しましたが、黙って隣に座っている……「貴方の隣に私がいるから大丈夫よ」というメッセージを心の中で発していれば、それで充分なのです。立とうという人がいれば、「どうしました？」と声を掛け、「トイレ！」とおっしゃれば、「待って下さい、介護士さんを呼びますからね」と話して下さい。決して難しい事ではありません。

寄り添いを長く続けていますと、次第に奥の深さが分かってきます。これは継続の力というものでしょう。貴方もボランティアを続けてその奥義に達して下さい。

3　継続の大切さ

毎週毎週、決まった曜日と時間に伺っているうちに、利用者さんの心は少しずつ開かれていきます。少し申し訳なく思うのですが、ご家族に対する態度と私達への親しみは明らかに違っています。

利用者さんのお話の内容は毎回同じどころか、さっきおっしゃったことをまた繰り返す事が少なくありません。でも、始めて聞くように相づちを打ちながら熱心にお話しを伺います。それは他人だからこそできる事なのかも知れません。

ボランティアは仕事ではありませんから、その日、他に優先すべき事が生じる場合もあります。その時は、ボランティアを休ませて頂きます。施設によっては曜日を変えて活動させて頂けるところもあります。

活動を続け、利用者さんと顔なじみになり、心が通じ合うようになると、一週間が待ち遠しくなります。そして伺いますと、「待ってたよ‼」、「何で先週来なかったの⁉」とおっしゃる方もいれば、言葉を失い、ただ満面の笑みで迎えてくれる方もいます。ボランティアをして良かったと思う瞬間です。これが私達の宝だと思っています。

4　注意すべき事項

ではボランティアは、どんなところに注意すべきでしょうか。今までの話しにも出てきましたが、原則的には次の二つを守ることが大切です。

①相手を大事にし、相手のペースを尊重すること。相手の不利は絶対に避けます。不注意から相手に怪我をさせてはいけません。「車椅子に乗せてくれ」と言われても、相手を転ばしたり、怪我をさせたりする恐れがありますので、してはなりません。また、決して自分がしたいことを押しつけてはなりません。相手が黙っ

てれば、こちらも黙っていて良いのです。それでも一緒にいるという奉仕をしています。これは見守りになっています。見守り寄り添いというのは、必ずしも話をしたり歌ったりすることではありません。また、相手の体に触れる場合は細心の注意が必要です。マッサージをすることも、皮下出血を起こすことがあり、気をつけます。

②施設のルールを守ること。組織には色々なルールがあり、施設内で働く人は、ボランティアを含めて、それを守らなければなりません。ボランティアは、始めどんなルールがあるのか分かりませんから、分からないときは職員に聞いて下さい。自己判断で行動しますと、知らずに施設に迷惑をかける事があります。分からないことは先輩ボランティアに聞くか、職員に聞いて確認して下さい。特に個人情報を口外することは厳禁です。

初めは、奉仕の心が強いので、あれもこれもやりたいと考えがちです。相手を喜ばそうとするのですが、時としてこれがやり過ぎになることがあります。例えばある人は、朗読の経験があるので、何か読んで聞かせたいと思います。これが良いだろうとおもった本を持参して、相手に聞かせようとしました。しかし相手はそんな朗読を聞きたくなかったのです。このケースは善意の押し売りです。これと似たケースが時に発生します。初めのころは、善意が余って、やり過ぎになる傾向がありますので、注意しましょう。

こちらが積極的にすることがなく、ただ寄り添い見守りだけでは時間を持て余すと思いがちですが、決してそうではないのです。これは、ボランティアをやっているとだんだん分かってきます。相手はいてくれるだけで嬉しいのです。例えそれを口に出さなくとも。

5　その他

ボランティア活動に当たっては、バスや地下鉄を利用して施設に行く人には交通費実費を、車（マイカー）で行く人には、規定のガソリン代を当仙台敬老奉仕会が用意しています。活動に当たってはエプロンを着用し、名札を付けますが、それも奉仕会が貸与します。施設に伺った時は職員に挨拶し、指定の場所で着替え、荷物があればそこに置いて利用者さんのところに行きます。

終わって帰るときは、その日の活動内容を記録するのが普通です。記録紙は施設が用意しています。エプロンを脱ぎ、その記録用紙に記入し、施設の世話人に挨拶して辞去します。施設の世話役は施設が担当者を決めておき、その人をコージネーターと呼んでいます。中には単に担当者と呼ぶところもあります。コージネーターがいない施設では、施設長さんや事務長さんや職員の方々に挨拶して帰ります。

いきなり実施に入るのは不安だ、何か研修を受けてから始めないといけないと思う人もいるでしょう。隔月に研修会がありますので、ボランティアを始める前も、始めてからも研修会に出て下さい。広い視野から介護事情や介護制度を学び、日本のみならず、欧米の事情も知ることができます。そこで先輩ボランティアの話しを聞くこともできます。活動の初めは先輩ボランティアについて見学実習をすれば良いのです。通常、四回それを繰り返せば充分一人前です。

6　最後に

介護施設の職員は多忙です。介護士さんがゆっくりと利用者さんと関わりたいと思っていても、次々と待ったなしの仕事が出て来ます。傍らに、ゆっくりと腰を落ち着けて話を聞き、見守ってくれる人が必要なのです。そばにいれば、自然と存在を認め合い、親しみが湧いてきます。心が通い始めます。

寄り添いボランティアは経験が大切です。知識があるだけでは何もできません。色々な人と接し、色々な場面を経験すると、だんだん人の姿、心の動きが分かってきます。認知症の人の心の内も見えてきます。人生の真実に触れ、これが理解できるようになります。

「失敗した！」と思うことも、「無理だ！」と感じることもあります。でもこれをすべてを積み重ねた仲間がいます。挫けることなく、地道に、一度始めた施設で活動を続けて下さい。そうすれば必ず見えてきます。自分の人生の理解も進み、必ずいつか訪れる老いや死に正面から向きあうことができるようになります。

どうぞ皆様、貴方もボランティアの達人、人生の達人になって下さい。

ご一緒にボランティアを始めましょう。

畏敬する吉永馨先生とのご縁

NPO法人CIMネット　二宮英温

吉永馨先生とのご縁をいただいたのは二〇一三年の初めであった。先生がNHKのラジオ深夜便「明日へのことば」で「仙台敬老奉仕会」と「仙台ターミナルケアを考える会」の活動をお話された。私はちょうど「未完の抄禄」の執筆中であり、恐れながら内容に共通点があり、吉永先生のご活動に深い共感を覚えたのだった。私は矢も楯もたまらず仙台を訪ねると、先生は私の想像した通りの温厚なお人柄であった。そのとき隣県の福島で講演が計画されており、お招きいただいた。拙著「未完の抄禄」に、先生のご活動を加筆させていただき、誌面の奥行きを深めることができた。ここにそれらの詳細を記す紙幅もなく割愛せざるを得ないが、こうしたご縁が『日本にボランティア文化を』の出版を託していただいた経緯である。

日本に待望のボランティア文化が芽生えるか！

富谷市・社会福祉協議会・介護施設の新しい取り組み

いつも吉永先生と私との仲介の労をとっていただくのは、仙台敬老奉仕会の鈴木和美理事である。『日本にボランティア文化を』の出版から七年が過ぎた頃、鈴木さんから嬉しい知らせが届いた。長年の仙台敬老奉仕会の活動が評価されて、宮城県富谷市が介護ボランティアの育成事業に英断を下し、市、社会福祉協議会、介護施設が事業推進に向けた協定書の調印式を行い、寄り添いボランティアが始まったのだ。そしてこれを取材した河北新報の記事が送られてきた。

これは画期的な富谷市の取組みであると私は深い感動を覚えた。私はいま高齢者介護施設で最も看過されているのは寄り添いボランティアであることを身をもって感じていたのである。なぜなら、私自身が入居者一〇〇人ほどの介護付き有料老人ホームに入居し、老々介護の身であるからだ。

慢性的な介護職の人材不足は深刻度を増すばかりで、介護施設の入居者は今後も増え続ける。介護高齢者の孤独を癒すにはボランティアしかないだろう。自治体予算で介護ボランティアの育成と派遣の取り組みをされたことは、新しいコミュニティ社会の創出に範を示すものだ。仙台敬老奉仕会の長年にわたる継続的な活動が引き金になったのだ。富谷市のモデルが全国展開の足掛かりになるかも知れない。

地方自治体、社会福祉協議会が関与する富谷市の英断は、すでに近隣の市にも伝播が始まろうとしているという鈴木さんのお話であった。

私は即座に既刊の『日本にボランティア文化を』に富谷市の取り組みを加えた増補版の作成を提案した。すると吉永先生も同じ思いを抱いておられた。特に増補版には社会福祉協議会が主導的な役割を担っていることをアピールしなければならないと思った。

社協はわが国の最大のボランティア組織だ

NPOのバイブルであるといわれるP・Fドラッガー著『非営利組織の経営』（上田淳夫訳／ダイアモンド社）の「日本版へのまえがき」は次のように始まっている。

「最古の非営利組織は日本にある。日本の寺は自治的だった。もちろん非営利だった。その他にも日本には無数の非営利組織があった。ある分野では日本がいちばん多い。それは産業団体であって、企業間、産業間、対政府の橋渡し役となってきた」

「アメリカ社会を論ずるとき、日本ではアメリカの個人主義を強調する。そして日本のコミュニティにおける絆と対比させる。しかし企業の工場進出に伴いアメリカに住むようになった日本人は、非営利組織におけるボランティアのコミュニティに驚かされる。日本人が職場をコミュニティにしているように、アメリカ人は非営利組織をコミュニティにしている。しかも非営利組織はアメリカ人にとって自己実現の場となっている。このアメリカの非営利組織が外国からはなかなか理解されない」

「アメリカ社会では二人に一人が週三時間ボランティアとして働くようになった今日、非営利組織はアメリカ最大の職場といえる。それは、市民としての責任を果したいというアメリカ人のニーズに応える場でもある」

私は不覚にも日本にも強力なボランティア組織があったことに気が付かなかった。社会福祉協議会は地域の福祉事業を担う民間組織で、社会福祉法に基づいて自治体ごとに設置される。社会福祉協議会はわが国最大のボランティア組織だったのだ。社協の活動の裾野が広すぎて視野からはみだし、不見識にもそのことに思いが至らなかったのだ。

社協の活動は官民連携の全国組織であり、紛れもなく日本最大のボランティア組織といえよう。富谷市に先進的なモデルを提供していただいことを突破口として、寄り添いボランティアが全国展開されることを願いたい。先進的な取り組みの富谷モデルは、河北新報に2回にわたって報道されたのでお許しを得て転載させていただいた。

ところが富谷市の介護ボランティアの育成事業が、近隣の市にも伝播が始まろうとしていた矢先に、コロナのパンデミックに見舞われたのである。しかし、コロナが去れば、やがて新しい日本のボランティア文化が全国に芽吹くかもしれない。私はひそかにそれを期待している。

富谷市が育成・派遣へ

介護にボランティアの力

富谷市は、特別養護老人ホーム（特養）などの入所者らを日常的に支える介護ボランティアの育成に乗り出す。県内初の取り組みで、人手不足が続く現場に市民の力を生かし、介護の質を高めるのが狙い。施設のサポーターとコーディネーターとして計約40人養成し、8月をめどに市内各施設への派遣を始める。

市は、介護ボランティアの育成、派遣に取り組むNPO法人仙台敬老奉仕会（理事長・吉永馨東北大名誉教授）の知見を活用。単発の慰問ではなく、お年寄りの話し相手や施設行事の手伝いなどに継続して関わる「寄り添いボランティア」を育てる。

7団体と協定

協定書に調印し連携を誓う若生市長（前列中央）ら関係者

育成は「地域と施設の支え合いモデル事業」と題して実施。24日、事業推進に向けた協定書の調印式が市役所であり、市内にある特養と介護老人保健施設の全6施設と市社会福祉協議会の計7団体と連携して取り組むことを確認した。

式では、介護老人保健施設リーブズの中谷良子理事長が「心待ちにしていた事業。隣にいて体温が伝わるだけでもボランティアになり、利用者には生きる活力になる」と期待を語った。市社協の草野昭徳会長は「入居者が地域と触れ合い、生き生きと生活できるよう協力したい」と述べた。

市は近く、ボランティア養成講座を始め、派遣に備える。

2019年5月25日　(c)河北新報社

ボランティア介護現場へ

富谷で養成研修始まる

話し相手、一緒に散歩
施設入居者に寄り添い

富谷市は今月、特別養護老人ホーム（特養）や介護老人保健施設を定期訪問し、入居者の話し相手になったり散歩などを共に楽しんだりする市民ボランティアの育成を始めた。介護職員の人手不足でなかなか手が回らない入居者への寄り添いを市民が担い、介護の質の向上を目指す。

地域と施設の支え合いモデル事業と題し、市社会福祉協議会と連携して実施。週1回2時間程度活動するサポーターと、サポーターと施設との連絡調整に当たるコーディネーターを育て、8月下旬以降、市内の6施設で活動してもらう。

吉永氏（左）の講義を聴くコーディネーター養成研修の参加者＝9日

第1弾として9～11日、コーディネーターの養成研修が市保健福祉総合支援センターであり、女性12人が高齢者の心身特性や認知症の人への支援の仕方などについて施設見学を交えて学んだ。

初日の研修で、NPO法人仙台敬老奉仕会の吉永馨会長は「身体介護をする職員と話し相手などになるボランティアが協力して初めて介護が完成する」と強調。要介護者の急増が予想される今後を控え「新しいタイプのボランティアで他都市の模範になってほしい」と期待した。

民生委員の安田良子さん(66)は「入居者や職員、サポーターの状況を知って対応する必要があり、不安も大きいが、勉強して備えたい」と話した。

29日～8月1日には市民約20人を対象としたサポーターの養成研修がある。

2019年7月15日　

あとがき

日本の高齢化は急速に進展し、六十五歳以上の高齢者の割合は平成二十三年現在二三・三％に達した。これは既に世界最高率であるが、団塊の世代が高齢化の仲間に入りつつあり、更に上昇することは確実である。二〇二〇年には二九・一％になると計算されている。高齢化はすなわち長寿化であるから、本来慶賀すべきものであるが、高齢化ゆえの問題も少なくない。

高齢者は体力智力が低下し、次第に終末へと向かう。当然医療や介護が必要となる。それなりに経費も掛かる。高齢者の少ない時代とは違った対応が求められる。これは新しい事態であるから、対応も新しくなければならない。その新しい対応が、いまだに模索の段階で、確定しているとは言い難い。

政府や国家が、国会や中央省庁が中心になってこの対策を講じている。介護保険の創出や後期高齢者制度の設定などがその表れである。特に高齢者の介護に関してはきめ細かい対策を練り、制度の改善に取り組み、努力を傾けているが、国民の側から見るとまだまだ十分ではない。介護問題だけを拾ってみても、介護難民が大量に発生し、家庭によっては辛い状況に追い込まれている。残念ながら、老人虐待の事例も稀ではない。

人生は有限であり、老化と死は必然である。高齢問題を考える場合、生と死の問題も考慮しなければならない。

これらもろもろの問題を市民の側から検討し、その対応を考える必要がある。政府に任せておくだけではいけない。何といっても、戦後、困苦欠乏の中から立ち上がって、日本を復興させ、世界トップレベルの繁栄を達成した年代の人達が高齢化しているのである。この人たちの老後を守り、尊厳ある人生を全うして頂くよう、市民側からも努力しようではないか。

吉永　馨（よしなが　かおる）
生　年：1928年９月18日
出身地：栃木県

略歴（学歴、職歴、活動歴など）

1954年　東北大学医学部卒業
1973年　内科学教授
1985年　付属病院長
1988年　医学部長
1992年　定年退職　東北労災病院長
2001年　労災病院定年　宮城県成人病予防協会会長
現在に至る。

専門分野

内科学、循環器病、老人病、内分泌学

民間活動

ホスピス運動（仙台ターミナルケアを考える会会長）
骨髄移植（宮城骨髄バンク登録推進協議会会長）
腎臓病対策（宮城県腎臓協会理事長）
臓器移植（日本臓器移植ネットワーク理事）
病院・施設ボランティア（仙台敬老奉仕会会長）など

問い合わせ先

● NPO法人 仙台敬老奉仕会

〒981-3133 宮城県仙台市泉区中央1-33-1

TEL・FAX:022-773-9457

●東京連絡事務所　NPO法人 CIMネット

〒104-0032 東京都中央区八丁堀3-28-14 飯田ビル

TEL:03-6280-3811　FAX:03-3553-0757

日本にボランティア文化を　増補版

平成25年11月28日　第1刷発行
平成26年3月10日　第2刷発行
令和2年6月24日　第3刷発行

［著　者］吉永　馨

［発 行 者］NPO法人 仙台敬老奉仕会

［発 行 所］NPO法人 CIMネット

〒104-0032 東京都中央区八丁堀3-28-14 飯田ビル

TEL:03-6280-3811　FAX:03-3553-0757

［印　刷］株式会社キタジマ